MOONSTRUCK

LUNÁTICA

MOONSTRUCK

LUNÁTICA

by

Blanca Luz Pulido

Foreword by Fabio Morábito

Bilingual edition

Translated from Spanish and edited

by

Arthur Gatti
and
Roberto Mendoza Ayala

Cover design and illustration by
Alonso Venegas Gómez

Interior drawings by
Roberto Mendoza Ayala (using AI)
and Blanca Luz Pulido

Back cover photo by Barry Domínguez

DARK LIGHT

PUBLISHING
NEW YORK • MÉXICO

2023

First printing: 2023

ISBN: 979-8-9862100-6-3

Designed and typeset in New York City by:

Darklight Publishing LLC
8 The Green Suite 5280
Dover, DE 19901

Contents

Ink of the Dream

Índice

Tinta del sueño

Foreword

IN BLANCA LUZ PULIDO'S POETRY, as anyone who has followed her trajectory knows, birds play a leading role. The flight, the infinite spaces, the trees, the horizon and the light, form a constellation of motifs that have their core in birds. We know, however, that there are various kinds of birds, or rather, that there are various kinds of images and feelings associated with them; on one side, the aspiration to rise, the freedom that flight promises, the vertigo of abandonment and the dissolution of limits; on the other, at the opposite pole, the focused gaze of a predator in the air in search of anything that looks like food.

This second feature is translated stylistically in the poetry of Blanca Luz Pulido in an extremely precise diction and, imaginatively, in the will to settle down in the simplest things at hand. She says in a poem: "I love the simplest acts"; and in another one, more forcefully: "It's the small things / that decide the drift of worlds". The small and the simple do not exclude birds and their excessive freedom, rather they bring that excessive freedom within our reach.

In this sense, there is a mystical component in her poetry, because the mystical feeling is a hunger for infinity, but starting from an immersion in the most concrete and closest things; in fact, the mystic is less mystical when he raises his eyes to the sky than when he fixes them on the ground. This is evidenced in the poem titled "To Sweep", that can be read as the poetic statement of the author: "To sweep, / to sweep the street, / the patio. //I sweep, / and any unuseful thought / is left behind. / The city, its noises, / they vanish."

The mystic also knows that the freedom of birds is only apparent, because it does not exonerate them from living in a laborious and hard-working world, as shown in the poem titled "Treasure", where the treasure to which the title refers consists of a branch that a bird glimpsed for an instant on a downtown avenue, it has been collected from somewhere and now she carries it in her beak to take it to her nest. The heavy treasure makes it difficult for her to fly, the poet concludes, but it is more of a treasure for that very reason. Only a predatory look could have surprised that fleeting flight in the middle of the urban noise.

The title "Moonstruck" refers to the other spiritual aspect of this book: the need to flee, or rather, to play. In volatile terms: the need to flutter, with no branches on the beak, with no tasks to accomplish. Blanca Luz Pulido's poetry is not sensual, because it avoids any attachment that could compromise the freedom to go where one pleases at any time; that is why she loves birds, because of their skill to leave no trace of their flights. This feral narcissism brings with it a strong dose of melancholy, the kind that all lunatics know and that in the poetry of Blanca Luz Pulido is seen in the persistent awareness of our limits, as stated in the stupendous verses with which she begins that true jewel that is "Moon Travel":

> *I'll never travel to the Moon.*
> *I'll never get the smallest rock*
> *from her dry sea beds;*
> *I'll never know if their weight in my hand*
> *is the same as*
> *Earth stones.*

A poetry always attracted by heights, yet never uninhabited heights, where the moon, the birds, the stars, the very branches of the trees form, as in the poem "Sky Villages", *a sky leveled to the ground.* And isn't this line the unbeatable synthesis of all mystical longing?

FABIO MORÁBITO
Mexico City, Summer of 2023

Prólogo

EN LA POESÍA DE BLANCA LUZ PULIDO, como sabe cualquiera que haya seguido su desarrollo, las aves juegan un papel protagónico. El vuelo, los espacios infinitos, los árboles, el horizonte y la luz, forman una constelación de motivos que tienen en las aves su núcleo. Sabemos, sin embargo, que hay varias clases de aves o, mejor dicho, que hay varias clases de imágenes y sentimientos asociados a ellas; por un lado, la aspiración a elevarse, la libertad que promete el vuelo, el vértigo del abandono y la disolución de los límites; por el otro, en el polo opuesto, la mirada concentrada del depredador de los aires en busca de cualquier cosa que promete ser alimento.

Este segundo rasgo se traduce estilísticamente en la poesía de Blanca Luz Pulido en una dicción sumamente precisa y, en lo imaginativo, en la voluntad de afincarse en las cosas más simples y a la mano. Dice en un poema: "Amo los actos más simples"; y en otro, de manera más contundente: "Son cosas pequeñas / las que deciden la deriva de los mundos". Lo pequeño y lo simple no excluyen a las aves y su desmedida libertad, más bien traen esa desmedida libertad a nuestro alcance.

En este sentido, hay un componente místico en esta poesía, porque el sentimiento místico es hambre de infinitud, pero partiendo de una inmersión en lo más concreto y cercano; de hecho, el místico es menos místico cuando eleva la mirada al cielo que cuando la clava en el piso. Así lo evidencia el poema titulado "Barrer", que puede leerse como una poética de la autora: "Barrer, / barrer la calle, / el patio. // Barro, / y cada pensamiento innecesario / se queda atrás. / Desaparecen / la ciudad, sus ruidos."

El místico sabe además que la libertad de las aves es sólo aparente, porque no las exonera de vivir en un mundo operoso y esforzado, como lo muestra en el poema titulado "Tesoro", en donde el tesoro al que hace referencia el título consiste en una rama que un pájaro entrevisto por un instante en una avenida céntrica ha recolectado de algún lado y ahora carga en su pico para llevarlo a su nido. El pesado tesoro le dificulta el vuelo, concluye la poeta, pero es más tesoro por eso mismo. Sólo una mirada de depredador pudo haber sorprendido ese vuelo fugaz en medio del estrépito urbano.

El título de "Lunática" hace referencia al otro aspecto espiritual de este libro: la necesidad de evadirse, o mejor dicho, de jugar. En términos volátiles: necesidad de revolotear, sin ramas en los picos, sin tareas que cumplir. La poesía de Blanca Luz Pulido no es sensual, porque evita toda adherencia que pueda comprometer la libertad de dirigirse en cualquier momento adonde se le antoje; por eso ama las aves, por su capacidad de no dejar huella de sus vuelos. Este narcisismo animal trae aparejado una fuerte dosis de melancolía, esa que conocen todos los lunáticos y que en la poesía de Blanca Luz Pulido se advierte en la conciencia persistente de nuestros límites, como lo declaran los estupendos versos con que arranca esa verdadera joya que es "Viaje a la luna":

> *No iré a la Luna nunca.*
> *Del lecho de sus mares secos*
> *nunca tendré una mínima roca;*
> *nunca sabré si pesan en mi mano*
> *lo mismo que las*
> *piedras de la Tierra.*

Una poesía siempre atraída por la altura, pero una altura nunca despoblada, en donde la luna, las aves, las estrellas, las mismas ramas de los árboles forman, como en el poema "Pueblos celestes", *un cielo al ras del suelo.* ¿Y no es acaso esta frase la síntesis inmejorable de todo anhelo místico?

FABIO MORÁBITO
Ciudad de México, verano de 2023

MOONSTRUCK

LUNÁTICA

DAY-TO-DAY

COTIDIANA

DIURNAL

… and I always stay
a little farther
or closer to the day.

In the morning,
its light
loses me in day dreaming.

Hours later,
the midday's hinge
shows me
the time spilled
without a comeback.

Oh! The beautiful days,
wild and free.
They don't know anything
and they know it all.

DIURNA

… y siempre me quedo
un poco más allá
o más acá del día.

Por la mañana,
su luz
me pierde en ensoñaciones.

Horas después,
la bisagra del mediodía
me muestra
el tiempo derramado
sin regreso.

Oh los días bellos,
ajenos y libres.
No saben nada
y todo lo conocen.

FORGETFULNESS

I lose the minute,

the keys,

the seconds and the day,

the weeks and months.

There are nights

when I leave years behind

in the drawer

of intentions.

Everything returns to its elemental nakedness,

colors and shapes seek

an underground stream

beyond

forgetfulness

and losses.

OLVIDOS

Pierdo el minuto,

las llaves,

el segundo y el día,

las semanas y los meses.

Hay noches

en que olvido años

en la gaveta

de las intenciones.

Todo vuelve a su desnudez elemental,

colores y formas buscan

una corriente subterránea

más allá

de los olvidos

y las pérdidas.

MORNING

The poem opens with the day.

These lines
that take the morning by surprise,
only want
to sing the endurance
of the things that perhaps protect me,
silently:

some books, the upcoming dusk,
the river that runs through me,
the peace of night
that always gives me dreams.

MATUTINA

El poema se abre con el día.

Estas líneas
que toman por sorpresa la mañana,
sólo quieren
cantar la persistencia
de las cosas que acaso me protegen,
silenciosas:

algunos libros, la tarde que vendrá,
el río que me atraviesa,
la calma de la noche
que siempre me regala sueños.

MIDDAY

Before its cyclops eye
that does not allow shadows
the breath stops

No one can escape from
its sight

It's just an immense
and brief blow
where the intangible whole

life and death
are concentrated

A second later
I open my eyes:
it's already gone

MEDIODÍA

Ante su ojo cíclope
que no admite sombras
se detiene el aliento

Nadie puede escapar
de su mirada

Tan sólo es un soplo
inmenso y breve
donde se concentran

el todo intangible
la vida la muerte

Un segundo más tarde
abro los ojos:
ya se ha ido

TO SWEEP

I love the simplest acts:

in the mornings,

to sweep,

to sweep the street,

the patio.

The rustle of leaves

connects me with the ground

and with the time

(these are yesterday's leaves,

and when I leave them for many days

a wood arises from them).

I sweep,

and any unuseful thought

is left behind.

The city, its noises,

they vanish.

BARRER

Amo los actos más simples:
en las mañanas,
barrer,
barrer la calle,
el patio.

El ruido de las hojas
me conecta con la tierra
y con el tiempo
(estas hojas son de ayer,
y cuando las dejo varios días
se forma un bosque en ellas).

Barro,
y cada pensamiento innecesario
se queda atrás.
Desaparecen
la ciudad, sus ruidos.

The leaves fly, dance

cheerfully to the rhythm of my arms.

My broom

gifts me the pleasure

of looking free of remains

street, patio and mind,

ready to receive

the leaves that will fall today

and I will sweep away tomorrow.

Vuelan las hojas, bailan,
alegres en el ritmo de mis brazos.
Mi escoba
me regala el placer
de mirar sin despojos ya
calle, patio y mente,

listos para recibir
las hojas que caerán hoy
y barreré mañana.

CONCERT

A bird embroidered on the air
his loud petals get away.

Three trills, three notes,
always repeating
the first phrase
of his song,
in a clear and transparent language
– and I do not understand it,
but I listen.

After the three notes
he improvised
a final arpeggio that was
different at every phrase.

Could it be
that his sounding statement
had, besides myself
–an unexpected listener–,
another winged recipient,
the source of his happiness,
unknown to me?

CONCIERTO

Bordaba en el aire un pájaro
su fuga de pétalos sonoros.

Tres trinos, tres notas,
repitiendo siempre
la primera frase
de su canto,
en un lenguaje claro y transparente
– y yo sin comprenderlo,
mas atenta.

Después de las tres notas
improvisaba
un arpegio final que en cada
frase era distinto.

¿Tal vez
su disertación sonora
tenía, además de mí
–oyente no prevista–,
otro destinatario alado
para mí desconocido,
fuente de su algarabía?

Though small
(he was a city bird,
unfolding his mating skills
somewhere in a tree
on my block),
his broad fluency had a precise goal,
or maybe not.

The rest of the neighbors,
sleepy at such an early hour,
would not question anything,
just me.

Obsessive and circular song,
a fest of the air
or a nomadic plot, like the notes,
beats and chords
that the day gives to us,
that never

        never

           never
–though sometimes it seems the same one–
repeats exactly.

Aunque pequeña
(era un ave de ciudad,
desplegando sus artes de cortejo
en algún lugar de un árbol
de la cuadra),
su extensa elocuencia tenía una meta precisa,
o tal vez no.

El resto de los vecinos,
soñolientos a esa hora temprana,
no se harían la pregunta,
sólo yo.

Canto obsesivo y circular,
celebración del aire
o argumento nómada, como las notas,
compases y acordes
que nos regala el día,
que nunca
           nunca
                 nunca
—aunque a veces parezca el mismo—
se repite exacto.

THE SMALL THINGS

It's the small things
that decide the drift of worlds.

Drop by drop they accumulate themselves
and raise or destroy the landscapes.

A spin in the wrong direction
ruins a planet,
like an animal who lives
with gentle habits
and dies when they are gone.

I am surrounded
by ceaseless
omens where the sun
never sets
on a desert of calcinated bones.

LO PEQUEÑO

Son cosas pequeñas
las que deciden la deriva de los mundos.

Gota a gota se acumulan
y elevan o aniquilan los paisajes.

Un giro en dirección equivocada
deshace un planeta,
animal que vive
de leves costumbres
y que por su ausencia muere.

Me rodean,
incesantes,
presagios donde el sol
nunca se pone
en un desierto de huesos calcinados.

THE RAIN WANTS

The rain wants to change the earth

for the air to be different

and bring us traces of the sea.

It wants the dust

to stop living in the eyes.

The streets leave the gray

and they get close to black,

to dark green,

as the downpour increases.

The afternoon:

a lightning

that destroys clocks

and revives forgotten promises.

QUIERE LA LLUVIA

Quiere la lluvia cambiar la tierra

para que el aire sea otro

y nos traiga rastros del mar.

Quiere que el polvo

deje de vivir en la mirada.

Las calles abandonan el gris

y se acercan al negro,

al verde oscuro,

mientras el aguacero crece.

La tarde:

relámpago

que destroza relojes

y resucita promesas olvidadas.

TREASURE

I saw him one day:
by a crowded avenue,
among the rushing people,
hovering in the shrubbery
of the sidewalk,
a sparrow
carrying in his flight
a very large bough.

It was a flash: just seconds
when we both went on parallel;
he, with the bough
that hindered his flight,
and me looking at him.

Beside him, by an instant,
I was the bough held in his beak,
approaching the nearby nest
where they awaited the treasure.

TESORO

Lo vi un día:

por una avenida céntrica,

entre gente que va de prisa,

rozando los matorrales

de la acera,

un gorrión

transportando en su vuelo

una rama muy grande.

Fue un destello: segundos sólo

en que ambos avanzamos paralelos;

él, con esa rama

que le dificultaba el vuelo,

y yo mirándolo.

A su lado, un instante,

fui la rama prendida de su pico,

llegando al nido cercano

donde esperaban el tesoro.

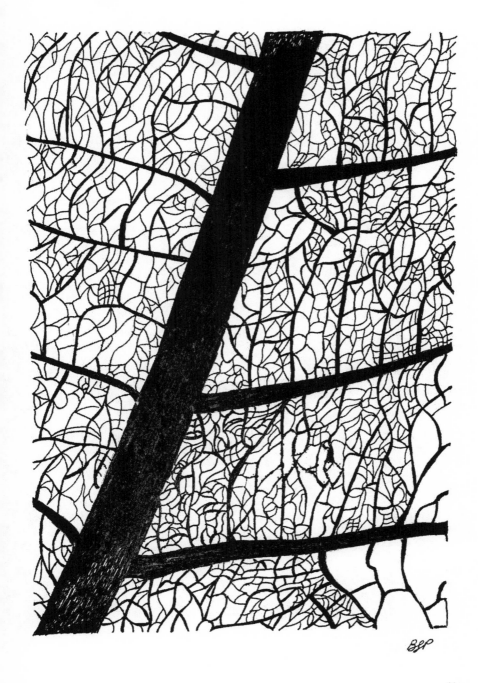

LEAF

To Jan Hendrix

What is a leaf?
What is a forest?
There is a whole forest
inside a leaf

Between the ribbing
there is light breaching
right left
infinite meanders
laborious millimeters
morning arises
the afternoon draws itself
in its delicate hinges
in its green arteries

Is it a leaf?
Nothing more?
Where does it begin, in the branch
pinned to the tree
ribboned on the trunk
linked to the earth
its roots tightened in the dark?

HOJA

Para Jan Hendrix

Qué es una hoja
qué es un bosque
un bosque está completo
dentro de una hoja

Entre las nervaduras
hay luz abriéndose paso
derecha izquierda
meandros infinitos
milímetros laboriosos
la mañana surge
la tarde se dibuja a sí misma
en sus delicados goznes
en sus arterias verdes

¿Es una hoja?
¿Nada más?
¿Dónde empieza, en la rama
prendida del árbol
ceñida al tronco
unido a la tierra
afirmadas sus raíces en lo oscuro?

Or does it begin
millions of years ago,
the same concentric, circular leaf,
that all of us are, the ribbing,
the green breathing at us,
the earth that we are
we were and we will be?

¿O empieza en el tiempo,
hace millones de años,
la misma hoja circular, concéntrica
que todos somos, las nervaduras,
el verde respirándonos,
la tierra que somos
fuimos y seremos?

NOISES

There are thundering noises,
those coming from the earth's deepness.
Indescribable noises,
ancestral,
not mentioned by any newspaper
the day after the earthquake.

There are others sharp, broken,
from the cities that go for
the minute and the second; and those
of clocks and machines
who infect us with their boredom.

And there are the soft, winged
little noises of the birds
that open or close
their lives between branches each day.

But among all of those, I prefer
the one of the opening door when you arrive,
giving way to the night where I forget
all of the noises the day brought me.

RUIDOS

Hay ruidos tremendos,
los que vienen del fondo de la tierra.
Ruidos indescriptibles,
atávicos,
que no mencionan los diarios
del día posterior al terremoto.

Hay otros agudos, rotos,
en las ciudades que van tras
el minuto y el segundo; y los
ruidos de relojes y máquinas
que nos contagian su hastío.

Y están, suaves, alados,
los pequeños ruidos de las aves
que abren o cierran
su vida entre ramas cada día.

Pero entre todos ellos, prefiero
el de la puerta que se abre cuando llegas,
dando paso a la noche donde olvido
todos los ruidos que me trajo el día.

2020-2021…

Writing as I dream
words
that set thoughts loose
and don't know how to stop or quit

I open the fold and free them:
in a mess they mix
black and white,
inside and outside,
joy and grief,

pure   impure   mute   aphonic
they don't find
their way, they are only
broken riverbeds
          brittle and tired
    lines

but they insist, come and go
in the lock of this dream
in the dream of this lock
that is a nightmare since long ago

2020-2021...

Escribir mientras sueño
palabras
que desatan pensamientos
y no saben detenerse ni parar

abro el redil y las suelto:
en desorden mezclan
negro y blanco,
adentro y afuera,
la alegría y la muerte,

puras   impuras   mudas   afónicas
no encuentran
su camino, son sólo
cauces rotos
                líneas quebradizas
        y cansadas

pero insisten, van y vuelven
en el encierro de este sueño
en el sueño de este encierro
que hace mucho es pesadilla

they don't even remember
valley   river   mountain
whirl   silence   moss   pine
forest   sea   sea   sea
the music of the wind in the mountain

they don't go through lands
that glow far away now,
locked in the cities as they are

there only remains
remoteness   fear
haste   disappointment   more haste

no one behind the windows
empty streets   closed doors
lonely people behind their words
and doors

daybreak

words stop their running
motionless   sneaky
inside the round of shadows
of the never-ending days

ya no recuerdan

valle   río   montaña

vértigo   silencio   musgo   pino

bosque   mar   mar   mar

música del viento en la montaña

no avanzan por campos

que brillan lejanos ahora,

encerradas como están en las ciudades

sólo quedan

lejanía   miedo

prisa   desánimo   más prisa

nadie detrás de las ventanas

calles solas   puertas cerradas

gente sola detrás de sus palabras

y sus puertas

amanece

detienen su carrera

inmóviles   furtivas

en el cerco de sombras

de los días interminables

CRICKET

For days
a cricket
sings in my living room.

I don't know what he is looking for
among walls and books;
nor how he reached
the third floor.

He found his den
in a flower pot,
but he will no longer be able to jump
from there.

GRILLO

Desde hace días
un grillo
canta en la sala de mi casa.

No sé qué busca
entre paredes y libros;
ni cómo llegó
a un tercer piso.

Encontró en una maceta
su guarida,
pero de ella
ya no podrá saltar.

MOON TRAVEL

VIAJE A LA LUNA

Blanca Luz Pulido

SKY VILLAGES

"As above so below":
so I looked one night,
upon the open field,
upon the mountains,
far away
from the cities that never are
completely dark,
the lights of a village
like stars
in the middle of the earth:
a sky leveled to the ground.

The stars up high
became villages of infinite light,
so far away from my hands
like the streets silhouetted
in the distance,
but the two of them the same:
the starry streets
a mirror of the terrestrial ones,
the two of them glowing,
together,
each night.

PUEBLOS CELESTES

"Como arriba es abajo":
así miré una noche,
en campo abierto,
en las montañas,
muy lejos
de las ciudades que nunca son
completamente oscuras,
las luces de un pueblo
como estrellas
en medio de la tierra:
un cielo a ras del suelo.

Las estrellas en lo alto
se volvieron pueblos de infinita luz,
tan lejos de mis manos
como las calles adivinadas
en la distancia,
pero las dos lo mismo:
las calles estelares
espejo de las terrestres,
las dos brillando,
juntas,
cada noche.

Blanca Luz Pulido

SHADOW LINE

*I want to be alone
while the deepness and the silence last.*
ÁLVARO DE CAMPOS

Because I don't want to be no one

somehow I'm everyone.

My figure dilutes

in the fuzzy edges

of a city that goes on

like rolling hills.

Perhaps I was much more than I thought

and much less than I felt;

never more inappropriate,

now I am a bonfire of words

where fiction and truth are already the same,

and my shadow line

spills out

in each verse's light.

LÍNEA DE SOMBRA

Quiero estar solo
mientras dura el abismo y el silencio.
ÁLVARO DE CAMPOS

Porque no quiero ser nadie

soy todos de alguna forma.

Mi figura se diluye

en los bordes imprecisos

de una ciudad que avanza

ondulándose en colinas.

Quizá fui más de lo que pensaba

y mucho menos de lo que sentí;

nunca más inapropiado,

ahora soy una hoguera de palabras

donde ficción y verdad ya son lo mismo,

y mi línea de sombra

se derrama en la luz

de cada verso.

© RMA

CONCAVE, CONVEX

What do those walls say,
those superimposed shadows,
passageways where objects and bodies
flee from the law of gravity?

As though hipnotized, I see
stairs going up or down
and those go up and down at once,
light and darkness like a harlequin
dancing between day and night:
a world always alien: nothing
exists there twice —neither is never
anything more than what it seems:

in a corridor a woman goes on
carrying a basket toward stairs
leading to other stairs,
between columns and characters that blow trumpets
celebrating… rites, announcements?,
while, close and far,
two salamanders face each other
and there is a man on the ground,
bent on himself, lost or dreaming

CÓNCAVO, CONVEXO

¿Qué dicen esos muros,
esas sombras sobrepuestas,
pasadizos donde objetos y cuerpos
huyen de la ley de gravedad?

Como hipnotizada miro
escaleras que suben o bajan
y suben y bajan a la vez,
luz y oscuridad como un arlequín
danzando entre el día y la noche:
un mundo siempre otro: nada
es ahí dos veces ni es nunca
nada más lo que parece:

en un pasillo una mujer avanza
llevando una cesta hacia escaleras
que llevan a otras escaleras,
entre columnas y seres que tocan trompetas
celebrando... ¿ritos, anunciaciones?,
mientras, cerca y lejos,
dos salamandras se enfrentan
y hay un hombre doblado sobre sí mismo,
en el suelo, perdido o soñando,

like me, who after seeing
foldings and chiaroscuros for so long,
feel that they move forward
and take possession of my morning
which was a simple one before,
and they turn it into an afternoon or an evening;
my windows into doors,
myself into someone else,
maybe the woman carrying a basket
towards the edge of nowhere...

I am one more character in a lithograph
by Maurits Cornelis Escher,
and then I wake up.

como yo, que después de mirar
largo rato pliegues, claroscuros,
siento que avanzan
y toman posesión de mi mañana
que antes era simple,
y la transforman en tarde o noche;
mis ventanas en puertas,
a mí en alguien más,
tal vez esa mujer que lleva una cesta
a la orilla de ninguna parte…

soy un personaje más en una litografía
de Maurits Cornelis Escher,
y entonces despierto.

MOON TRAVEL

I'll never travel to the Moon.

I'll never get the smallest rock
from her dry sea beds;
I'll never know if their weight in my hand
is the same as
Earth stones.

I know the names
with which astronomers
decided to name
her features:
Mare Tranquillitatis,
Mare Cognitum,
Mare Vaporum,
Mare Serenitatis...

I would see on her, instead,
the Sea of Restlessness,
the Plain of Insomnia,
the Mountain Range of Dreams.

VIAJE A LA LUNA

No iré a la Luna nunca.

Del lecho de sus mares secos
nunca tendré una mínima roca;
nunca sabré si pesan en mi mano
lo mismo que las
piedras de la Tierra.

Conozco los nombres
con que los astrónomos
han decidido bautizar
sus accidentes:
Mare Tranquillitatis,
Mare Cognitum,
Mare Vaporum,
Mare Serenitatis…

Yo en cambio, vería en ella
el Mar de la Inquietud,
la Llanura del Insomnio,
la Cordillera de los Sueños.

Without a ticket to ride,
I am a stowaway
in spaceships;
I know the Sea of Serenity,
the Cape of Wonders
and other places that are better
in the Moon than down here.

I jump from my pillow
right over her,
and over any stray second
trapped by the clock hands,
too.

What transports me
is not metallic
nor does it require fuel.

My trips don't appear
in the news;
they wouldn't get a word
in the humblest newspaper.

Many days I lose myself
at any of her seas.

Sin boleto para el viaje,
soy un polizonte
de las naves espaciales;
conozco el Mar de la Serenidad,
el Cabo de las Sorpresas
y otros sitios que son mejores
en la Luna que aquí abajo.

Salto de la almohada
directo hacia ella,
y de cualquier segundo distraído
atrapado en las manecillas del reloj
también.

Lo que me transporta
no es de metal
ni requiere combustible.

Mis viajes no aparecen
en las noticias;
no alcanzarían una palabra
en el diario más ínfimo.

Muchos días me pierdo
en alguno de sus mares.

Down here
they stay waiting for me
right where I appear,
where I am not.

***

There are books that I have lost
because they fled to some shelf
in the shadowy libraries of the Moon
waiting for me to arrive.

On my wall there is a map of the Moon;
with closed eyes I point out a place on it
and I decide one day I'll be born there.

Then
I could look at my country from afar
and my neighborhood and my street,
the trees, the countryside and the mountains
and all the humans
that inhabit the planet.

And I would say:
"How beautiful the Earth looks from afar".

Aquí abajo
se quedan esperándome
justo donde aparezco,
ahí donde no estoy.

***

Hay libros que he perdido
porque huyeron a algún estante
de las vagas bibliotecas de la Luna
esperando mi llegada.

En mi pared hay un mapa de la Luna;
cerrando los ojos apunto a un sitio en él
y decido que un día he de nacer ahí.

Entonces
podría ver de lejos mi país
y mi barrio y mi calle,
árboles, el campo y las montañas
y a todos los humanos
que habitan el planeta.

Y diría:
"Qué hermosa se ve la Tierra desde lejos".

Then I would have time
for all of
what I can never do:
to read the books
that silently await
on my shelves;
centuries to think,
millenia to reflect on
the ants, the birds,
the stones
and the nothingness.

I would look,
blue and cold,
at the distant Earth
from the bleak,
dry and beautiful
seas of the Moon.

Entonces tendría tiempo
para todo lo que
no puedo nunca hacer:
leer los libros
que esperan callados
en mis libreros;
siglos para pensar,
milenios para considerar
las hormigas, las aves,
las piedras
y la nada.

Azul y helada,
miraría
la lejana Tierra,
desde los desolados,
hermosos y secos
mares de la Luna.

EXILE

Far away,
I don't know where,
at some corner
they languish,
abandoned,
throne, fertile, softy, plunder,
bored with anger,
jeer, derision and misfortune.
No one dares to pull them apart,
like outcasts they flaunt
the dust between their hoary,
rusty syllables.

Very few unlock
ophidian, porphyry, pennant.
Rarely a cingulum girds,
also forgotten are jug, alabaster, pallium,
opalescent remote history,
unfading, ill-fated.

At night
they are summoned
to the pages

DESTIERRO

Muy lejos,
no sé dónde,
en qué rincón
languidecen,
íngrimas,
solio, feraz, blandengue, expolio,
aburridas con tirria,
befa, mofa y descalabro.
Nadie se arredra para apartarlas,
como apestadas lucen
el polvo entre sus sílabas
canas, enmohecidas.

Ya pocos sacan de su encierro
a ofidio, pórfido, lábaro.
Pocas veces cíngulo ciñe,
olvidados cántaro, alabastro, palio,
historia remota opalescente,
inmarcesible, desastrado.

Por las noches
se dan cita
en las páginas

of ancient dictionaries
that formerly lavish, haughty,
now walk sullen
to the shelf of the unuseful.

Dying trinkets
in the slope of time;
aphonic and agonizing
rhinestones for no one.

de provectos diccionarios
que antes pródigos, altivos,
ahora caminan soturnos
al anaquel de lo inservible.

Abalorios moribundos
en el talud del tiempo;
afónicas y agónicas
pedrerías para nadie.

SOMBER

In my study,
where I don't turn on the light
and leave the afternoon to become night,
the colorless objects
begin to float
in the twilight.

Books and papers
roam purposeless
in the thick air:
their vagueness is a liquor
that I gratefully drink.

I think on what I didn't fulfill today
and won't tomorrow.

Between the mess
I breath,
its darkness
makes me sleepy.

SOMBRÍA

En el estudio,
donde no prendo la luz
y dejo a la tarde hacerse noche,
los objetos sin color
empiezan a flotar
en la penumbra.

Indecisos vagan
en el aire denso
libros con papeles:
su vaguedad es un licor
que bebo agradecida.

Pienso en lo que no cumplí hoy
ni tampoco mañana.

En el desorden
respiro,
su oscuridad
me adormece.

Blanca Luz Pulido

The nightly hours
keep a secret
revealed in dreams
and in vain I seek it
at dawn.

Las horas de la noche
guardan un secreto
que se revela en sueños
y en vano quiero buscar
cuando amanece.

PASSIVE, ACTIVE

It can be said
some say
it has been said with certainty, that Spanish
has two voices, active and passive.
No one, which is every one and one, could argue
with absolute or partial certainty
which one is the most faithful voice to modulations
of act or thought.

It has been said that the will rests
when using the passive, the voice
for the car didn't kill the dog
but the dog was killed by the car,
and then the world sets itself upside down
and the acts roam loose
and you can take a rest from them,
maybe you can sleep,
and the dog doesn't die
but just a little.

Instead, when writing or talking
others prefer to be very precise
like the knife that the clock hides,

PASIVA, ACTIVA

Se puede decir
algunos dicen
se ha afirmado con seguridad que el español
posee dos voces, activa y pasiva.
Nadie, que es todos y uno, podría dilucidar
con certeza absoluta ni parcial
cuál voz es más fiel a las modulaciones
de acción o pensamiento.

Se ha dicho que la voluntad descansa
al emplear la pasiva, voz
por la que el carro no mató al perro
sino el perro fue muerto por el carro,
y entonces el mundo se ordena al revés
y los actos flotan sueltos
y de ellos se puede descansar,
tal vez dormir se pueda,
y el perro no muera
sino sólo un poco.

En cambio otros prefieren
al escribir o hablar ser tan puntuales
como el cuchillo que el reloj esconde,

and never leave a loose end
—as the saying commands, even when the ships
had sailed long ago, all of their ends
well tightened or not.

And then the assertions
sound precise
as bullets of certainty:

Thus we all know
it is at five twenty
on the muddy street of present,
when the car, in active voice, kills
the same sad dog every day
at the end of this tale that ends.

They say, it's been said, I've heard to say
that in a probable universe you could hear one day:
"The car has been killed by the dog".

y nunca dejar un cabo suelto
–como el refrán ordena, aunque los barcos
hayan zarpado ha mucho, bien amarrados o no
todos sus cabos.

Y entonces las afirmaciones
suenan precisas
como balas de certeza:

Todos sabemos entonces
que es a las cinco y veinte
en la calle lodosa del presente
cuando el carro, en voz activa, mata
todos los días al mismo perro triste
al final de esta historia que termina.

Se dice, ha sido dicho, he oído decir
que en un probable universo se podrá oír un día:
"El carro ha sido muerto por el perro".

THE LAST SUNDAY

To Toni Deltoro,
who died on Sunday.

Some Sundays
the thought sleeps
like the leaves on the limbs
of winter.

Minutes look like
telegrams that someone dictates
in a time
where telegrams don't even exist.

Perhaps all of the Sundays
come from childhood.

Each day brings us closer
to the Sunday
that will arrive wrapped
in cotton, anesthesia
and children's playgrounds
where we will dance
our last round.

ÚLTIMO DOMINGO

A Toni Deltoro,
que murió en domingo.

Algunos domingos
el pensamiento duerme
como las hojas en las ramas
del invierno.

Los minutos parecen
telegramas que alguien dicta
en un tiempo
donde no existen ya los telegramas.

Quizá todos los domingos
vengan de la infancia.

Cada día nos acerca
a ese domingo
que vendrá envuelto
entre algodones, anestesia
y juegos infantiles
donde bailaremos
la última ronda.

THE INSOMNIAC

The insomniac
listens to the crazy ticking
of a clock without hands.

He whirls on a vertical bed,
stumbles with a wall that is not there,
speaks in languages forgotten long ago.

The next day
his night persists,
he crawls through the streets
fleeing from the light.

He wanders thinking
that the next insomnia
perhaps will show him
any useless prodigy,
some out-of-the-blue finding
inside the frosty sheets.

INSOMNE

El insomne
escucha el tic tac loco
de un reloj sin manecillas.

Da vueltas en una cama vertical,
tropieza con una pared que no está ahí,
habla en lenguas que nadie recuerda.

Al día siguiente
su noche persiste,
se arrastra por las calles
huyendo de la luz.

Y deambula pensando
que el siguiente insomnio
quizá le muestre
algún prodigio inútil,
hallazgo de la nada
en las heladas sábanas.

INK OF THE DREAM

TINTA DEL SUEÑO

A 1923 POSTCARD

Landscape and woman in gray hues;
the clearest, her dress.

Profile, the young girl,
with her arm resting
on a plasterboard column
in the photo studio;
in the background, a lake,
a blurry pavilion of marble,
and trees and plants as unreal
as the sunset.

There is also the bouquet
held by her right hand
as if by chance
someone had put it there.

The postcard came to me
almost a century after
someone planned the stage
and arranged every object
before triggering the camera.

POSTAL, 1923

Paisaje y mujer en tonos grises;
lo más claro, su vestido.

La joven de perfil,
con el brazo descansando
en un pilar de cartón piedra
del estudio fotográfico;
al fondo, un lago,
un difuso pabellón de mármol,
y árboles y plantas tan irreales
como el atardecer.

También está el ramo
sostenido en su mano derecha
como si por descuido
alguien lo hubiera puesto ahí.

Llegó a mí la postal
casi un siglo después
de que alguien planeara el escenario
y dispusiera cada objeto
antes de accionar la cámara.

From that day
a survivor remains:
the smile of the white-dressed woman,
nearly guessed
amid a landscape
with a vaguely classic style.

De ese día queda
un sobreviviente:
la sonrisa de la mujer de blanco,
casi adivinada
en medio de un paisaje
de estilo vagamente clásico.

I WAS ANOTHER

Before,
yesterday.

Behind every little wrinkle
she peeks out.

In my indecisions,
in the pauses that sometimes
set a rhythm
where I am absent,
she warns me
that she is beside me,
a little to my left side,
remote and lonely.

Sometimes I'm amazed by
the color of some patios
where for sure
she spent many afternoons.
I have seen them, not far
from the streets of my neighborhood.

FUI OTRA

Antes,
ayer.

Bajo cada pequeña arruga
ella se asoma.

En mis indecisiones,
en las pausas que imponen
a veces un ritmo
donde no estoy yo,
ella me avisa
que está junto a mí,
un poco a mi izquierda,
desdibujada y sola.

Me sorprende a veces
el color de algunos patios
donde seguramente
pasó muchas tardes.
Los he visto, no lejos
de las calles de mi barrio.

Maybe I know the same market
where she planned her dinner's menu.
I know that her grandson's birthday
—or the fluctuating price
of grapes—
could have been her most urgent cares.

My life displaces
the one she would have.

The gaze
that the mirror returns to me
could have been hers
and now is full
of my things
and empty
of her afternoons
that awaited
the smell of dinners
at a five-guest table.

Conozco tal vez el mismo mercado
donde planeaba el menú de la cena.
Sé que el cumpleaños del nieto
—o el precio caprichoso
de las uvas—
serían su cuidado más urgente.

Mi vida desplaza
la que ella tendría.

La mirada
que el espejo me devuelve
pudo ser la suya
y ahora está llena
de mis asuntos
y vacía
de sus tardes
que esperaban
el olor de las cenas
de una mesa para cinco.

WOMAN AND RAIN

A cup of coffee starts the day.
Lucidity and patience
dangling from its thick aroma.

I'm beginning to feel the matter,
to perceive the light
and bring myself out of the shadows.

Custom, rite:
to make an imaginary list
of planned tasks,
nearby futures.

I look
through the open window
the morning rain watering
my ideas.

Faded colors
instal faint flags.

MUJER CON LLUVIA

Una taza de café inicia el día.
La lucidez y la paciencia
cuelgan de su aroma espeso.

Empiezo a sentir la materia,
a percibir la luz
y separarme de las sombras.

Costumbre, rito:
enlistar en la imaginación
tareas previstas,
futuros inmediatos.

Miro
por la ventana abierta
la lluvia matutina que moja
mis ideas.

Colores deslavados
instalan banderas tenues.

In the interval
opened between rain and coffee
I would like to stay forever

looking at the street,
like a raindrop
slipping down the window.

En el paréntesis
que abren la lluvia y el café
quisiera quedarme siempre

mirando hacia la calle,
como gota de lluvia
resbalando en la ventana.

VORTEX
(Río de Rapaces,
Veracruz, 2011)

In the distance, high up:

eagles, hawks, falcons,

in irregular circles,

tracing spirals

in the air,

open their wings

on the broad avenues of the sky.

The birds and their twirls

–very high right now

and ascending even more–

are educated on the invisible.

Rooted, entangled,

our earthly being

can only fly

with wings borrowed from the mind.

With an envious gaze

and our truncated, limp steps

we watch them passing by.

VÓRTEX
(Río de Rapaces,
Veracruz, 2011)

A lo lejos, en lo alto:

águilas, gavilanes, halcones,

en círculos irregulares,

dibujando espirales

en el aire,

abren sus alas

en anchas avenidas por el cielo.

Las aves y sus giros

—muy altos ahora

y ascendiendo aún más—

se educan en lo invisible.

Arraigado, enzarzado,

nuestro ser de tierra

sabe volar tan sólo

con alas prestadas por la mente.

Con la vista envidiosa

y el paso trunco, flojo,

las vemos pasar.

The eye doesn't know,

does not understand what, by a moment,

and in a multiple movement, appears.

They barely touch it,

let us pin our gaze

on their flight

and then they disappear

upward,

on the run to the top,

until reaching the warm stream

that will drive them

to the South.

What I saw remains,

what was only glimpsed

and never comprehended

(but who would need to comprehend?).

How to leave

or arrive like this

circling

and ascending?

El ojo no sabe,

no entiende lo que por un instante

y en movimiento múltiple aparece.

Ellas lo rozan apenas,

nos dejan prender

su vuelo a la mirada

y luego desaparecen

hacia arriba,

en fuga hacia lo alto,

hasta llegar a la tibia corriente

que las impulsará

hacia el sur.

Me queda lo mirado,

lo apenas entrevisto

y nunca comprendido

(pero quién necesita comprender).

¿Cómo partir

o llegar así

en círculos

y ascendiendo?

Why not to let the air itself

be

the center and the teacher?

One spiral leads to another,

the warm air drives;

now a little higher

until reaching

the great stream

that the wings already feel:

the South

calling

by the millions:

hawks eagles falcons

(robbers of the sky),

agile prey caught

by the altitude.

The task

is to see them passing by,

having seen them,

dream of having seen them.

¿Por qué no dejar que el aire mismo

sea

el centro y el maestro?

Una espiral conduce a otra,

el aire cálido guía;

ahora un poco más arriba

hasta llegar

a la gran corriente

que las alas sienten ya:

el sur

llamando

por millones:

gavilanes águilas halcones

(los robadores del cielo),

ágiles presas apresadas

por la altura.

La tarea

es verlas pasar,

haberlas visto,

soñar haberlas visto.

And always doubt:

in the bare sky

there is not any trace left.

Were they here,

uncertain calligraphy in the clouds,

a challenge to the law of gravity?

I will follow them to the South

twirling

and ascending:

a part of me

departed with them.

Y dudar siempre:
en el cielo desnudo
no queda ningún rastro.

¿Aquí estuvieron,
incierta caligrafía en las nubes,
reto a la ley de gravedad?

Las seguiré hacia el sur
girando
y ascendiendo:

una parte de mí
se fue con ellas.

VISITATION

To Nuno Júdice

I knock on the door of the stanza,
three discreet, soft
knocks,
is anyone there?

Then excited syllables
come out
that don't want to be
ordered in verses

and, rebellious, deny
any distant relationship
with metaphores or anaphores or
any other rethorical scheme,
they say;

and they inform me
they plan to go for a walk
in the fresh air.

Getting out of my head,
that's what they want,

VISITACIÓN

A Nuno Júdice

Toco la puerta de la estrofa,
tres golpes discretos,
suaves,
¿hay alguien ahí?

Salen con fuerza
sílabas agitadas
que no quieren
ordenarse en versos

y, rebeldes, niegan
cualquier lejano parentesco
con metáforas o anáforas o
ningún otro ardid retórico,
dicen;

y me informan
que piensan salir a andar
un rato al aire libre.

Salir de mi cabeza,
es lo que buscan,

to wander loose by the page
and live
at their will.

And because I am only
a figure imagined by them
I obey them and write
as they dictate

so they don't forget me
and wish never
to return.

andar sueltas por la página
y vivir
a su albedrío.

Y como soy sólo
una figura imaginada por ellas
las obedezco y escribo
lo que dictan

para que no me olviden
y nunca más
quieran volver.

SILENCE

One day

you'll encompass

everything:

that's why

I dedicate

this space to you

so that

in it

you start

to extend

your

breath

SILENCIO

Todo

lo abarcarás

un día:

por eso

te dedico

este espacio

para que

en él

empieces

a extender

tu

aliento

ARC IN THE AIR

To Nezahualcóyotl

Not forever here

(I just say this,
repeating ancient songs,
and a wind that comes from nowhere
blurs my lines,
turns my touch into ashes)

Not forever on the earth

(I look back:
the soil scatters in dust
where once mountains rose)

Even if it's made of jade, it breaks

(a shiny jar rolls
between heads, broken)

Even if it's made of gold, it breaks

(the dreams are buried,
waiting for the sun)

ARCO EN EL AIRE

A Nezahualcóyotl

No para siempre aquí

(digo esto apenas,
repitiendo antiguos cantos,
y un viento que llega no sé de dónde
desdibuja mis líneas,
vuelve ceniza el tacto)

No para siempre en la tierra

(vuelvo la mirada:
la tierra se dispersa en polvo
donde antes montañas se elevaron)

Aunque sea de jade, se quiebra

(una vasija brillante rueda
entre cabezas, rota)

Aunque sea de oro, se rompe

(sepultados andan los sueños,
esperando al sol)

Even if it's quetzal plume, it tears

(only the birds go across
in the middle of the end, take flight
and something inside me
flies with them)

Is it for real that
we live with roots on the earth?

(up high, in the sky,
to be like clouds
with no questions or wishes)

We will have to disappear

(the landscape, the flowers,
the birds, the gold,
all of the jade and stones,
silver, briliances,
every dream,
only in the memory, ah!
an arc in the air)

Aunque sea plumaje de quetzal, se desgarra

(sólo las aves cruzan
en medio del fin, alzan el vuelo
y algo dentro de mí
vuela con ellas)

¿Acaso de veras
se vive con raíz en la tierra?

(alto, en el cielo,
ser como las nubes
sin preguntas ni deseos)

Tendremos que desaparecer

(el paisaje, las flores,
los pájaros, el oro,
todo el jade y piedras,
plata, resplandores,
cada sueño,
sólo en la memoria, ay,
arco en el aire)

No one will stay

(the traces of the songs,
the dry petals
scatter, don't give joy anymore)

Not forever here

Nadie habrá de quedar

(la huella de los cantos,
los pétalos ya secos
se esparcen, ya no alegran)

No para siempre aquí

Blanca Luz Pulido

Blanca Luz Pulido (Mexico State, 1956) is a poet, essayist and translator. She studied Hispanic Language and Literature at the National Autonomous University of Mexico, and a Master's Degree in Mexican Literature at the Meritorious Autonomous University of Puebla.

She was a member of the Third Program for the Training of Translators of El Colegio de México. In 1999-2000 she studied the Superior Course of Portuguese Translation at the Classical University of Lisbon, with a scholarship from the Camões Institute.

She has published, among others, the following poetry titles: *Raíz de sombras* (1988); *Reino del sueño* (1996); *Cambiar de cielo* (1997); *Los días* (2003); *Pájaros* (2005); *Al vuelo* (2006); *Libreta de direcciones* (2010); *La tentación del mar* (2012); *Cerca, lejos. Antología personal (1986-2013)* (2013) and *Poderes del cuchillo* (2015).

Some of her poems have been translated into Italian, French and English, and in 2013, the Mantis publishing house published a Portuguese translation of her work: *Libreta de direcciones. Antología de poemas 2005-2013*. In 2019, the National Autonomous University of México published an anthology of her poems in the collection "Reading Material", Modern Poetry Series, no. 214.

She is also the author of the essay books: *A family of trees. Reflections on books and reading* (Rayuela, Guadalajara, 2011) and *Lusitanian Letters. Notes on Portuguese poets and narrators* (UNAM, 2012). In 2021, the publishing house La Otra, in co-edition with the National Fund for Culture and the Arts, published *The adventure of writing poetry. Theory and practice*.

She has published numerous translations of literary texts, from English, Italian, French and Portuguese from 1990 to the present, in various newspapers and magazines, and the following works:

131

from French, Gustave Flaubert, *Amor al arte*, Breve Fondo Editorial, México, 1998; and the following books by Portuguese poets: by Fiama Hasse Pais Brandão, *Sumario lírico* (Producciones Ácrono, México, 2001); by Nuno Júdice, *Teoría general del sentimiento* (Trilce Ediciones, México, 2001), *El misterio de la belleza* (Capilla Alfonsina / UANL, México, 2010) and *Meditación sobre ruinas* (Textofilia Ediciones / UANL, México, 2018); by Ana Luísa Amaral, *Oscuro* (Capilla Alfonsina / UANL, México, 2017); by Rui Cóias, *Las márgenes sombrías* (El Errante Editor, Puebla, 2018); by Ruy Belo, *Transporte en el tiempo* (Trilce Ediciones, México, 2018); by Manuel Alegre, *Todos los poemas son de amor* (Trilce Ediciones, México, 2018), and by the Brazilian Floriano Martins, *Fuego en las cartas* (Punta Umbría City Council, Huelva, 2009).

She is a member of the National System of Art Creators of the National Fund for Culture and the Arts of México, and was a professor-researcher of the Literary Creation career at the Autonomous University of México City from 2009 to 2023.

Blanca Luz Pulido

Blanca Luz Pulido (Estado de México, 1956), es poeta, ensayista y traductora. Estudió Lengua y Literaturas Hispánicas en la Universidad Nacional Autónoma de México, y la Maestría en Literatura Mexicana en la Benemérita Universidad Autónoma de Puebla.

Fue miembro del Tercer Programa para la Formación de Traductores de El Colegio de México. En 1999-2000 estudió en la Universidad Clásica de Lisboa el Curso Superior de Traducción de Portugués, con una beca del Instituto Camões.

Ha publicado, entre otros, los siguientes títulos de poesía: *Raíz de sombras* (1988); *Reino del sueño* (1996); *Cambiar de cielo* (1997); *Los días* (2003, *Pájaros* (2005); *Al vuelo* (2006); *Libreta de direcciones* (2010), *La tentación del mar* (2012); *Cerca, lejos. Antología personal (1986-2013)* (2013) y *Poderes del cuchillo* (2015).

Algunos poemas suyos se han traducido al italiano, al francés y al inglés, y en 2013, la editorial Mantis publicó una traducción al portugués de la obra: *Libreta de direcciones. Antología de poemas 2005-2013*. En 2019, la Universidad Nacional Autónoma de México publicó una antología de sus poemas en la colección "Material de Lectura", Serie Poesía Moderna, núm. 214.

Es autora también de los libros de ensayos: *Una familia de árboles. Reflexiones sobre los libros y la lectura* (Rayuela, Guadalajara, 2011) y *Cartas lusitanas. Notas sobre poetas y narradores portugueses* (UNAM, 2012). En 2021, la editorial La Otra, en coedición con el Fondo Nacional para la Cultura y las Artes, publicó *La aventura de escribir poesía. Teoría y práctica*.

Ha publicado numerosas traducciones de textos literarios, del inglés, italiano, francés y portugués desde 1990 hasta la actualidad, en diversos periódicos y revistas, y las siguientes obras:

del francés, Gustave Flaubert, *Amor al arte*, Breve Fondo Editorial, México, 1998; y los siguientes libros de poetas portugueses: de Fiama Hasse Pais Brandão, *Sumario lírico* (Producciones Ácrono, México, 2001); de Nuno Júdice, *Teoría general del sentimiento* (Trilce Ediciones, México, 2001) *El misterio de la belleza* (Capilla Alfonsina / UANL, México, 2010) y *Meditación sobre ruinas* (Textofilia Ediciones / UANL, México, 2018); de Ana Luísa Amaral, *Oscuro* (Capilla Alfonsina / UANL, México, 2017); de Rui Cóias, *Las márgenes sombrías* (El Errante Editor, Puebla, 2018); de Ruy Belo, *Transporte en el tiempo* (Trilce Ediciones, México, 2018); de Manuel Alegre, *Todos los poemas son de amor* (Trilce Ediciones, México, 2018), y del brasileño Floriano Martins, *Fuego en las cartas* (Ayuntamiento de Punta Umbría, Huelva, 2009).

Es miembro del Sistema Nacional de Creadores de Arte del Fondo Nacional para la Cultura y las Artes de México, y fue profesora-investigadora de la carrera de Creación Literaria de la Universidad Autónoma de la Ciudad de México, de 2009 a 2023.

DARKLIGHT'S "BRIDGES" BILINGUAL POETRY SERIES /
COLECCIÓN BILINGÜE DE POESÍA "BRIDGES" DE DARKLIGHT

Made in the USA
Middletown, DE
10 October 2023